ROMULO VICTOR GUARDIA TAMARA

MODELO DE SEGURIDAD DE LA INFORMACIÓN PARA LA GESTIÓN ACADÉMICA

ROMULO VICTOR GUARDIA TAMARA

MODELO DE SEGURIDAD DE LA INFORMACIÓN PARA LA GESTIÓN ACADÉMICA

MINIMIZAR LOS RIESGOS INFORMÁTICOS

Editorial Académica Española

Imprint

Any brand names and product names mentioned in this book are subject to trademark, brand or patent protection and are trademarks or registered trademarks of their respective holders. The use of brand names, product names, common names, trade names, product descriptions etc. even without a particular marking in this work is in no way to be construed to mean that such names may be regarded as unrestricted in respect of trademark and brand protection legislation and could thus be used by anyone.

Cover image: www.ingimage.com

Publisher:
Editorial Académica Española
is a trademark of
International Book Market Service Ltd., member of OmniScriptum Publishing Group
17 Meldrum Street, Beau Bassin 71504, Mauritius
Printed at: see last page
ISBN: 978-620-0-42718-2

Zugl. / Aprobado por: "DISEÑO DE UN MODELO DE SEGURIDAD DE LA INFORMACIÓN PARA MINIMIZAR LOS RIESGOS INFORMÁTICOS EN LA GESTIÓN ACADÉMICA DEL INSTITUTO DE EDUCACION SUPERIOR TECNOLOGICO PUBLICO "ELEAZAR GUZMAN BARRON"- HUARAZ" - 2018

Copyright © ROMULO VICTOR GUARDIA TAMARA
Copyright © 2020 International Book Market Service Ltd., member of OmniScriptum Publishing Group

AGRADECIMIENTO

- Al Alma Mater Universidad Nacional Santiago Antúnez de Máyalo por apoyarme en mi perfeccionamiento permanente.

- Al Magister **Joseph Darwin ALVARADO TOLENTINO**, por el apoyo incondicional en el asesoramiento en la presente Investigación.

- Al Doctor **Eddy Jesús MONTAÑEZ MUÑOZ**, por el apoyo incondicional en la presente Investigación.

- A todos los familiares, amigos y personas cercanas, por darnos ese aliento positivo para la culminación de la presente.

A mi novia y compañera por siempre

Yakelin Karina ALEGRE ZELAYA, en especial a mi Mamá y Papá

Y mis hermanos Julia, Ángel, Oscar, Samuel, Vilma, Norma, por su apoyo

Incondicional en el deseo de mi superación

Profesional.

ÍNDICE

RESUMEN

En la actualidad la seguridad de la información en la gestión académica, en el ámbito educativo no ha sido tratada con el interés debido.

Por ello el siguiente trabajo ha sido desarrollado con el fin de proporcionar un modelo de seguridad de la información, mediante lo cual minimizar los riesgos informáticos, criterios basados NTP-ISO/IEC 27001:2014, y la metodología MARGERIT, el cual permite identificar los activos de información de una forma rápida y sencilla dentro del área de Secretaria académica en la gestión académica, facilitando el reconocimiento de las amenazas a las cuales están expuestos y el daño que puedan causar mediante la degradación que estas puedan producir en caso de que estas se materialicen, hallando el impacto y riesgo a los cuales están sometidos los activos con el fin de dar un tratamiento a los riesgos y aplicando controles para minimizar el riesgos.

Se realiza un análisis que permite valorizar de manera cualitativa y cuantitativa de los activos con el fin de hallar los riesgos a que estos están expuestos en base a la probabilidad de ocurrencia donde se propone los controles más adecuados para minimizar los riesgos de información, y así optimizar los riesgos en la gestión académica.

El modelo propuesto permite determinar el nivel de riesgo y un seguimiento de los controles implementados y mejora de los existentes, permitiendo minimizar los riesgos en la gestión académica del Instituto de Educación Superior Tecnológico Público "Eleazar Guzmán Barrón", este modelo facilita su aplicación en cualquier empresa de gestión académica.

Palabras clave: Gestión Riego, Minimizar, Seguridad, Magerit.

ABSTRACT

Currently, information security in academic management, in the educational field has not been treated with due interest.

Therefore, the following work has been developed in order to provide an information security model, thereby minimizing computer risks, criteria based on NTP-ISO / IEC 27001: 2014, and the MARGERIT methodology, which allows identifying Information assets in a quick and simple way within the area of academic secretary in academic management, facilitating the recognition of the threats to which they are exposed and the damage they may cause through the degradation they may cause in case they are materialize, finding the impact and risk to which the assets are subject in order to give a treatment to the risks and applying controls to minimize the risks.

An analysis is carried out that allows a qualitative and quantitative valuation of the assets in order to find the risks to which they are exposed based on the probability of occurrence where the most appropriate controls are proposed to minimize information risks, and thus optimize risks in academic management.

The proposed model allows to determine the level of risk and a follow-up of the controls implemented and improvement of the existing ones, allowing to minimize the risks in the academic management of the Institute of Public Technological Higher Education "Eleazar Guzmán Barrón", this model facilitates its application in any academic management company.

Keywords: Irrigation Management, Minimize, Security, Magerit.

I.   INTRODUCCIÓN.

En la actualidad la mayoría de las empresas manejan las tecnologías de la información y comunicación lo que han permitido procesar, almacenar y transmitir grandes cantidades de información, ha sido el factor primordial que ha dado relevancia a la seguridad informática, ya que consiste en verificar los recursos de los activos de información sean utilizados de una manera correcta y que los accesos a la información almacenada como la modificación, solo sea posible por las personas autorizadas.

Para lograr minimizar los riesgos y para evitar daños se ha diseñado un modelo más eficiente de gestionar la seguridad de la información, bajo la metodología de análisis y evaluación de Riesgos usando Norma Técnica Peruana "NTP-ISO/IEC 27001:2014, y utilizando la metodología MAGERIT.

Esta norma permite incrementar la seguridad de los activos de información de gestión académica del Instituto de Educación Superior Tecnológico Público "Eleazar Guzmán Barrón"-Huaraz, garantizando que los riesgos de seguridad de información sean conocidos, asumidos, gestionados y minimizados de una forma documentada, sistemática, estructurada, eficiente y adaptable en los cambios que se produzcan en los riesgos en la gestión académica.

OBJETIVOS

OBJETIVO GENERAL:

Diseñar un modelo de seguridad de la información para minimizar los riegos informáticos en la gestión académica del Instituto de Educación Superior Tecnológico Público "Eleazar Guzmán Barrón"

OBJETIVOS ESPECÍFICOS:

✓ Determinar la situación actual de los riesgos informáticos que afectan los activos de información en gestión académica del Instituto de Educación Superior Tecnológico "Eleazar Guzmán Barrón"-Huaraz.

✓ Establecer un modelo de gestión de seguridad de la información para minimizar los riesgos informáticos en la gestión académica del Instituto de Educación Superior Tecnológico "Eleazar Guzmán Barrón"-Huaraz.

✓ Optimizar los riesgos informáticos en la gestión académica a través del modelo diseñado de seguridad en informática del Instituto de Educación Superior Tecnológico "Eleazar Guzmán Barrón"-Huaraz.

HIPÓTESIS DE LA INVESTIGACIÓN.

HIPÓTESIS GENERAL

Hi. El diseño de un modelo de seguridad de la información minimiza los riegos informáticos en la gestión académica del Instituto de Educación Superior Tecnológico Público "Eleazar Guzmán Barrón"- Huaraz.

HIPÓTESIS ESPECIFICA

✓ La situación actual de los riesgos informáticos afecta a los activos de información en gestión académica del Instituto de Educación Superior Tecnológico "Eleazar Guzmán Barrón"-Huaraz.

✓ El modelo optimiza los riesgos informáticos en la gestión académica del Instituto de Educación Superior Tecnológico "Eleazar Guzmán Barrón"-Huaraz.

✓ Los riesgos informáticos en la gestión académica mejora a través del modelo de seguridad en informática del Instituto de Educación Superior Tecnológico "Eleazar Guzmán Barrón"-Huaraz.

VARIABLES.

Tabla 1. Matriz Operacionalización de variable

Variables	Definición Operacional	Indicadores	Medición
Independiente: Diseño De Un Modelo De Seguridad De La Información	Es el manejo un Sistema de Gestión de Seguridad de la Información alineado Norma Técnica Peruana "NTP-ISO/ IEC 27001:2012, es decir, un proceso sistemático, documentado y conocido por toda la organización, que garantizar la gestión correcta de la seguridad de la información	• Protección de activos de información • Seguridad de la información • Aplicación del modelo de seguridad informática	Cualitativo Cuantitativo
Dependiente: Minimizar los Riesgos Informáticos	Es el conjunto metodologías de actividades y procedimientos que buscan proteger la información, con el fin de minimizar los riesgos, las amenazas como son Infraestructura, Base de Datos, Personal, sistemas, hardware y software.	• Porcentaje de seguridad de la información, • Identificación de Riesgos. • Análisis Cuantitativo y cualitativo de Riesgos. • Gestionar de las amenazas y vulnerabilidades. • Controlar seguridad física y lógica • Políticas de seguridad	Cualitativo Cuantitativo

Fuente: Elaboración propia

II.   MARCO TEÓRICO

2.1. ANTECEDENTES

ANTECEDENTES INTERNACIONALES

Aragón, (2016), En su Tesis de Maestría "Implementación de controles de seguridad en activos informáticos", Instituto Politécnico Nacional-México, cuyo objetivo es Demostrar de cómo es posible verificar los controles de seguridad de activos informáticos utilizando herramientas de software bajo una aplicación metódica y una revisión sistemática de sus resultados. El diseño empleado fue Descriptivo, tipo Analítico o Demostrativo. En esta investigación se Concluyó, identificar que es necesario implementar y validar periódicamente controles de seguridad en los activos informáticos para evitar comprometer la confidencialidad disponibilidad e integridad de los datos de las organizaciones.

Berrio (2016), efectuó un estudio de tesis de magister denominado "Metodología para la evaluación del desempeño de controles en sistemas de gestión de seguridad de la información sobre la norma ISO/IEC27001". Universidad Nacional de Colombia, el objetivo está orientado a Desarrollar una metodología para la evaluación del desempeño de los sistemas de gestión de seguridad de la información basado en la norma ISO/27001. El diseño de utilizado en esta investigación fue de Tipo: correlacional, descriptivo, explicativo; aplicada. En dicho estudio se realizó la revisión del estándar estándar ISO/IEC 27001 para conocer los controles más aplicables dentro de las organizaciones y proponer un modelo que permite evaluar y posteriormente seleccionar controles de seguridad clave con base en la opinión de expertos usando el método Delphi y una encuesta de cada control y así obtener la calificación de cada control respecto a las necesidades de la empresa. El investigador concluyo que, para lograr una efectiva implementación de un sistema de gestión de Información, se recomienda contar con el concepto de varios expertos que pueda evaluar tanto al análisis de riesgos realizado previamente a la implementación como los controles seleccionados para dicha implementación.

Sánchez y Rebolledo (2017), efectuaron un estudio cuyo objetivo es el diseño de un modelo de gestión de la seguridad de la información en el área de talento humano de la secretaría de educación, cuyo diseño utilizado fue Tipo: factible. Nivel: descriptivo. Diseño: aplicado, el grupo de trabajo se basó en el modelo de seguridad y privacidad de la información – MSPI, el cual está alineado a la norma NTC-ISO-IEC 27001:2013. Teniendo como resultado que se detectó y se identificó la problemática que tiene la secretaría de educación es no contar con mecanismos como políticas, metodologías y planes que generen cultura de seguridad en los funcionarios de esta misma, por lo tanto las actividades realizadas se basó en el eje temático de seguridad y privacidad de la información en el marco de la estrategia de gobierno en línea (MSPI GEL), en esta investigación se concluyó que El diseño de un Sistema de Gestión de Seguridad de la Información –SGSI- en la secretaría permite descubrir puntos vulnerables de la entidad y proveer herramientas valiosas para diseñar procedimientos fuertes de seguridad.

ANTECEDENTES NACIONALES.

Guzmán (2015), en su tesis magistral "Metodología para la seguridad de tecnologías de información y comunicaciones en la clínica ortega", Universidad Nacional Del Centro Del Perú, cuyo objetivo de estudio es determinar el nivel de importancia de las metodologías de seguridad de tecnologías de información y comunicaciones que permita la continuidad de procesos de la clínica Ortega cuyos servicios principales dependen de la tecnología; cuyo diseño utilizado fue Descriptivo, tipo Analítico o Explicativo. Realizaron el análisis de diferentes enfoques de estos estándares, con el fin de proponer una metodología de implementación, gestión y mejora de seguridad de tecnologías de información y comunicaciones en la clínica Ortega. Se presentan además diferentes alternativas estratégicas y se discute sobre su conveniencia o no. Se analizan diferentes métodos conocidos de análisis y gestión de riesgos. Se presenta una metodología adecuada a sus requerimientos, que busca integrar lo mejor de cada uno de los enfoques analizados; se incluye una propuesta de organigrama de Seguridad que compatibiliza la jerarquía estructural del grupo y las necesidades de seguridad de tecnologías de información y comunicaciones. El investigador llego a la conclusión que Para definir el modelo de metodología de seguridad en tecnologías de información y comunicaciones se realizó el análisis de riesgo que permitió detectar las amenazas a los que son sometidos los activos de la información y los requerimientos de seguridad que se presentaron, han permitido delimitar el ámbito del modelo y su estructura.

Mercado (2016), en su tesis de maestría "Modelo de gestión de seguridad de la información para el E-Gobierno". Universidad Nacional Mayor De San Marcos; cuyo objetivo es elaborar un modelo de gestión de seguridad de la información para el gobierno electrónico en las entidades públicas. El diseño utilizado fue Descriptivo, tipo transversal no experimental; la revisión de modelos de seguridad de la información, analizando su problemática, aspectos comunes y relevantes en la seguridad, por lo que se identificaron 08 elementos (fases, organización, funciones, documentos, niveles, controles, indicadores y métricas) que han permitido proponer un modelo de gestión de seguridad de la información para el gobierno electrónico. En esta investigación se concluyó que el modelo permite medir la seguridad global de los procesos que brindan servicio de gobierno electrónico en relación a los controles de seguridad con los que se cuenta, lo cual genera una tendencia hacia la mejora continua.

Llontop(2018) en su tesis de maestría "Gestión de riesgos de Tecnologías de Información de las empresas de Nephila Networks.". Universidad Cesar Vallejo; cuyo objetivo está orientado a describir el nivel de eficiencia de la gestión de riesgo de tecnologías de información de las empresas comerciales y de servicios de nephila networks. El diseño utilizado es no experimental transversal descriptivo Comparativo; el desarrollo e implementación del modelo de gestión de riesgos TI para las empresas que Nephila brinda soporte, se utilizó encuestas para la recolección de datos para su posterior evaluación de validez y confiabilidad. En esta investigación se concluyó que las empresas comerciales consideran que el plan de gestión de riesgos actualmente utilizado tiene un nivel de eficiencia aceptable con 83.9% de sus encuestados, en comparación a las empresas de servicios que solo el 63.5 % la considera eficiente, por lo que el plan de gestión de riesgos tiene una mayor eficiencia en las empresas comerciales.

2.2. BASES TEÓRICAS

2.2.1. GESTION DE LA SEGURIDAD DE LA INFORMACIÓN EN EL PERÚ.

En el Perú, la Secretaría de Gobierno Digital (SeGDi) es el órgano de línea, con autoridad técnico normativa a nivel nacional, responsable de formular y proponer políticas nacionales y sectoriales, planes nacionales, normas, lineamientos y estrategias en materia de Informática y Gobierno Electrónico, es el ente ha venido emitiendo una serie de normatividades para desarrollar la implementación de la Seguridad de la Información de acuerdo a estándares internacionales, en el Estado Peruano. (Secretaria de Gobierno Digital, 2019)

La publicación de la ISO 27001 en el año 2012, mediante la Resolución Ministerial N° 129-2012-PCM.

2.2.2. INFORMACIÓN

La información es un conjunto organizado de datos con algún significado acerca de un hecho, evento o suceso, que al ser procesados o evaluados mejoran el conocimiento acerca de algo y, por lo tanto, reducen la incertidumbre. El proceso comprende la entrada y depuración de datos, el procesamiento de estos y la depuración y salida de los resultados. (INCIBE, 2019)

Es un activo, que al igual que los demás, tiene valor para la institución y por lo tanto necesita ser protegido adecuadamente.

Ciclo de vida de la información

Figura 01. Fuente. INCIBE. *«Guía sobre borrado seguro y de la informacion.» Una aproximación para la empresa,* Abril 2019: 12.

2.2.3. ACTIVOS DE INFORMACIÓN.

Recursos físicos o lógicos de un sistema de información o relacionados con este, necesarios para que funcione correctamente y alcance los objetivos propuestos por la institución. (27002.es, 2019)

2.2.4. SEGURIDAD DE LA INFORMACIÓN

Consiste en la preservación de su confidencialidad, integridad y disponibilidad, así como de los sistemas implicados en su tratamiento, dentro de una organización. Para que un sistema se pueda considerar razonablemente seguro se debe garantizar que se cumplen los principios básicos de la seguridad informática: integridad, confidencialidad y disponibilidad.

Confidencialidad: la información no se pone a disposición ni se revela a individuos, entidades o procesos no autorizados.

Integridad: mantenimiento de la exactitud y completitud de la información y sus métodos de proceso.

Disponibilidad: acceso y utilización de la información y los sistemas de tratamiento de la misma por parte de los individuos, entidades o procesos autorizados cuando lo requieran (Escrivá, Romero, Ramada, & Onrubio, 2015).

Es el conjunto de prácticas y procedimientos que buscan proteger la información, con el fin de minimizar las amenazas y riesgos continuos a los que está expuesta.

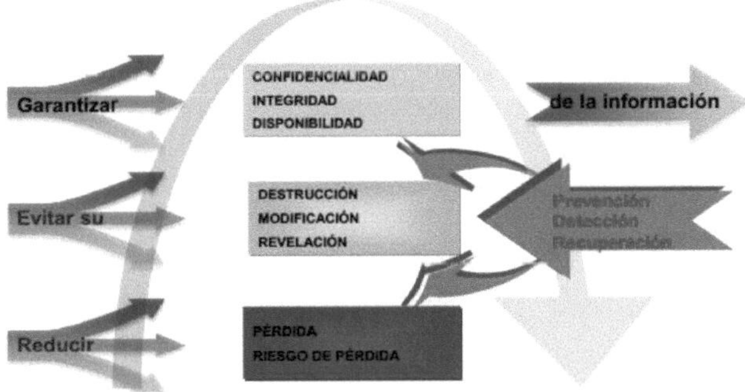

Figura 02. Fuente. Costas, Jesús. *Seguridad Informática.* Madrid: Ra-Ma, 2010.

2.2.5. SEGURIDAD INFORMÁTICA.

La seguridad informática es la disciplina que con base en políticas y normas internas y externas de la empresa, se encarga de proteger la integridad y privacidad de la información que se encuentra almacenada en un sistema informático, contra cualquier tipo de amenazas, minimizando los riesgos tanto físicos como lógicos, a los que está expuesta (Baca Urbina, 2016).

2.2.6. SEGURIDAD FÍSICA

Consiste en la *"aplicación de barreras físicas y procedimientos de control, como medidas de prevención y contramedidas ante amenazas a los recursos e información confidencial"* (Costas Santos, Seguridad Informática., 2014).

Las principales amenazas que se prevén en la seguridad física son:
- ✓ Amenazas ocasionadas por el hombre, como robos, destrucción de información o equipos, etc.
- ✓ Desastres naturales, alteraciones y cortes de suministro eléctrico, incendios accidentales, tormentas e inundaciones.
- ✓ Disturbios, sabotajes internos y externos deliberados.

2.2.7. SEGURIDAD LÓGICA

Consiste en la "aplicación de barreras y procedimientos que resguarden el acceso a los datos y sólo se permita acceder a ellos a las personas autorizadas para hacerlo.
- ✓ Restringir el acceso a los programas y archivos.
- ✓ Asegurar que los operadores puedan trabajar sin una supervisión minuciosa y no puedan modificar los programas ni los archivos que no correspondan.

- ✓ Asegurar que se estén utilizados los datos, archivos y programas correctos en y por el procedimiento correcto.
- ✓ Que la información transmitida sea recibida sólo por el destinatario al cual ha sido enviada y no a otro.
- ✓ Que la información recibida sea la misma que ha sido transmitida.
- ✓ Que existan sistemas alternativos secundarios de transmisión entre diferentes puntos.
- ✓ Que se disponga de pasos alternativos de emergencia para la transmisión de información.

2.2.8. RIESGO

Un riesgo es un evento o conjunto de eventos que puede poner en peligro un proyecto de la organización o que puede impedir su éxito (Chicona Tejada E. , 2014).

Un Riesgo es la estimación del grado de exposición a que una amenaza se materialice sobre uno o más activos, causando un impacto negativo.

$$\boxed{\textbf{Riesgo} = \textbf{Impacto x Probabilidad}}$$

Los atacantes pueden usar diferentes rutas a través de su aplicación para causar daño en su organización. Cada una de estas rutas representa un riesgo que puede, o no, ser lo suficientemente serio como para merecer atención.

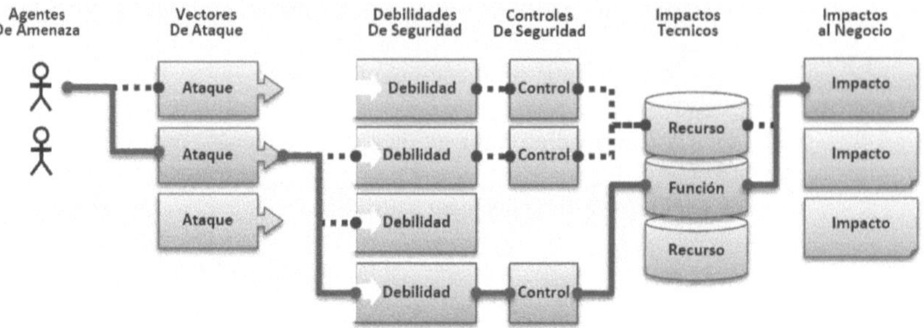

Figura 03. Fuente. Zetina, *Alma Alicia Ferandez. Riesgos informaticos.* 14 de 04 de 2017. *http://aafz03.fullblog.com.ar/riesgos-informaticos.html.*

2.2.9. GESTIÓN DE RIESGOS

La gestión de riesgo es un enfoque estructurado para manejar la incertidumbre, es decir la posibilidad de que ocurra o no un riesgo, para evitar que ocurran consecuencias no deseadas dado el caso que el riesgo se haga realidad, para ello se pueden llevar a cabo una secuencia de actividades para evaluar el riesgo, mitigar el riesgo y estrategias para manejar el riesgo que incluyen transferir el riesgo a otra parte, evadir el riesgo, reducir los efectos negativos del riesgo y aceptar algunas o todas las consecuencias de un riesgo particular de tal forma que las posibles pérdidas y la posibilidad que se haga presente el riesgo se minimicen, en resumen la Gestión de Riesgo es un método para determinar, analizar, valorar y clasificar el riesgo, para posteriormente implementar mecanismos que permitan controlarlo.

La gestión de riesgo en el campo de la información busca sensibilizar en las empresas el tema de la seguridad informática y la gestión del riesgo relacionados con el manejo de datos e información. La gestión de riesgos tiene cuatro fases:

1. **Análisis:** en esta fase lo que se busca es conocer el sistema que se desea proteger conociendo sus vulnerabilidades y las amenazas a las que está expuesto con el objetivo de revelar el grado de riesgo del sistema.

2. **Clasificación**: Determina si los riesgos encontrados y los riesgos restantes son aceptables.

3. **Reducción**: establece e implementa las medidas de protección para la reducción del riesgo encontrados en la fase del análisis, además capacita los usuarios conforme a las medidas.

4. **Control**: analiza y evalúa el funcionamiento y efectividad de las medidas de protección implementadas en la fase de reducción, con el fin de mejorar las medidas que son ineficientes.

La gestión de riesgos está presente, con mayor o menor protagonismo, en distintos ámbitos de la sociedad y la empresa. (Instituto Nacional de Ciberseguirdad (INSIBE), 2019). Un hecho común a todos ellos, es que los responsables son conscientes de la existencia de amenazas que suponen un peligro para la consecución de sus objetivos. Dedican esfuerzos y recursos a mantener estos riesgos por debajo de un límite previamente consensuado en sus organizaciones.

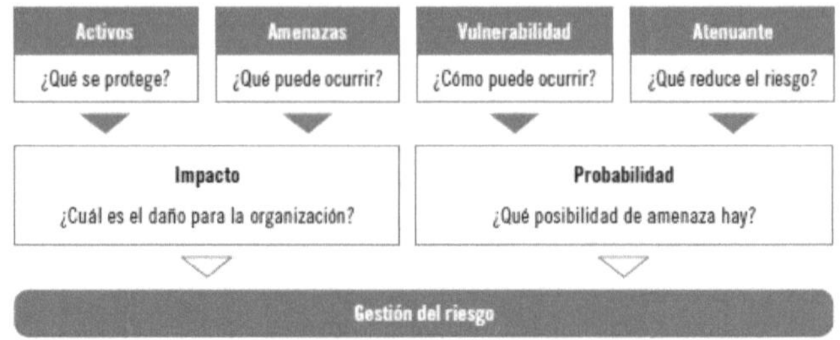

Figura 04. Gestión de riesgo.

2.2.10. ANÁLISIS DE RIESGO

El análisis de riesgo que tiene como propósito determinar los componentes de un sistema que requieren protección, sus vulnerabilidades que los debilitan y las amenazas que lo ponen en peligro, con el fin de valorar su grado de riesgo.

Análisis de riesgo es el proceso y metodología utilizados para estimar la magnitud de los riesgos a los que se expone una organización (Chicona Tejada E. , 2014).

Existen tres tipologías de métodos utilizados para determinar el nivel de riesgos de nuestro negocio. Los métodos pueden ser:

1. Métodos Cualitativos
2. Métodos Cuantitativos

2.2.11. EVALUACIÓN DEL RIESGOS

La evaluación de riesgos tiene como función asegurar el logro de los objetivos de la organización, para lo cual debe identificar, definir y actualizar el conocimiento de los diferentes riesgos y amenazas sobre la TI y el impacto que éstos tendrían sobre la empresa si llegaran a hacerse realidad (Baca Urbina, 2016).

Una vez identificado todos los activos de la información, se procede efectuar de manera disciplinada y sistemática un análisis y evaluación del riesgo de los activos identificados para determinar cuáles son aquellos que deben ser protegidos para mitigar su riesgo, así como definir también cual es el riesgo residual (el riesgo con el cual la empresa está decidido convivir)

Metodología para análisis y evaluación de riesgo

Figura 05 .Fuente. Zetina, Alma Alicia *Ferandez. Riesgos informaticos*. 14 de 04 de 2017. *http://aafz03.fullblog.com.ar/riesgos-informaticos.html.*

2.2.12. REDUCCIÓN DE RIESGO

La reducción de riesgo se logra a través de la implementación de Medidas de protección, que se basan en los resultados del análisis y de la clasificación de riesgo. (Informática, 2019)

Las medidas de protección están divididas en medidas **físicas y técnicas**, **personales** y **organizativas**.

En referencia al Análisis de riesgo, el propósito de las medidas de protección, en el ámbito de la Seguridad Informática, solo tienen un efecto sobre los componentes de la Probabilidad de Amenaza, es decir aumentan nuestra capacidad física, técnica, personal y organizativa, reduciendo así nuestras vulnerabilidades que están expuestas a las amenazas que enfrentamos. Las medidas normalmente no tienen ningún efecto sobre la Magnitud de Daño, que depende de los Elementos de Información y del contexto, entorno donde nos ubicamos. Es decir, no se trata y muy difícilmente se puede cambiar el valor o la importancia que tienen los datos e informaciones para nosotros, tampoco vamos a cambiar el contexto, ni el entorno de nuestra misión.

2.2.13. CONTROL DE RIESGO

El propósito del control de riesgo es analizar el funcionamiento, la efectividad y el cumplimiento de las medidas de protección, para determinar y ajustar sus deficiencias.

Las actividades del proceso, tienen que estar integradas en el plan operativo institucional, donde se define los momentos de las intervenciones y los responsables de ejecución.

Medir el cumplimiento y la efectividad de las medidas de protección requiere que levantemos constantemente registros sobre la ejecución de las actividades, los eventos de ataques y sus respectivos resultados. Estos tenemos que analizados frecuentemente. Dependiendo de la gravedad, el incumplimiento y el sobrepasar de las normas y reglas, requieren sanciones institucionales para los funcionarios.

En el proceso continuo de la Gestión de riesgo, las conclusiones que salen como resultado del control de riesgo, nos sirven como fuente de información, cuando se entra otra vez en el proceso de la Análisis de riesgo.

2.2.14. TRATAMIENTO DEL RIESGO

Los impactos y riesgos a que está expuesto el sistema, hay que tomar una serie de decisiones condicionadas por la gravedad de los mismos y por las obligaciones a las que esté sometida la Organización por ley, reglamento sectorial o por contrato. (Rodríguez & Peralta, 2019).

Proceso de selección e implementación de medidas para modificar el riesgo.

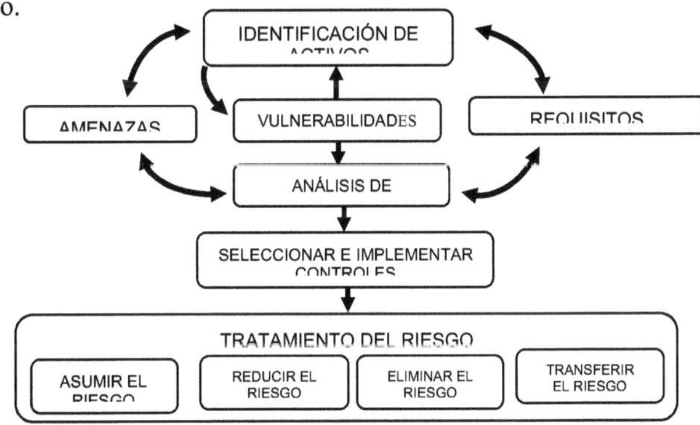

Figura 06. Fuente: *http://www.normas-iso.com/2017/implantando-iso-27001. Implantando la Norma ISO 27001*

2.2.15. AMENAZAS

Una Amenaza es la posibilidad de ocurrencia de cualquier tipo de evento o acción que puede producir un daño (material o inmaterial) sobre los elementos de un sistema, en el caso de la Seguridad Informática, los Elementos de Información.

Las amenazas a un sistema informático pueden provenir desde un hacker remoto que entra en nuestro sistema con un troyano, pasando por un programa descargado gratuito que nos ayuda a gestionar nuestras fotos, pero que supone una puerta trasera a nuestro sistema permitiendo la entrada a espías, hasta la entrada no deseada al sistema mediante una contraseña de bajo nivel de seguridad. Las amenazas pueden ser provocadas por: personas, condiciones físicas-ambientales y software, o lógicas. (Costas Santos, Seguridad y alta Disponibilidad, 2014).

2.2.16. VULNERABILIDADES

La Vulnerabilidad es la capacidad, las condiciones y características del sistema mismo (incluyendo la entidad que lo maneja), que lo hace susceptible a amenazas, con el resultado de sufrir algún daño. En otras palabras, es la capacitad y posibilidad de un sistema de responder o reaccionar a una amenaza o de recuperarse de un daño.

Las vulnerabilidades están en directa interrelación con las amenazas porque si no existe una amenaza, tampoco existe la vulnerabilidad o no tiene importancia, porque no se puede ocasionar un daño. (Escrivá, Romero, Ramada, & Onrubio, 2015)

2.2.17. RESOLUCIÓN MINISTERIAL N° 129-2012-PCM

Implementación incremental de NTP-ISO/IEC 27001:2008. Esta Norma Técnica Peruana cubre todos los tipos de organizaciones (como, por ejemplo: empresas comerciales, agencias de gobierno y organizaciones sin fines de lucro). Especifica los requisitos para establecer, implementar, operar, monitorear, revisar, mantener y mejorar un Sistema de Gestión de Seguridad de la Información (SGSI) documentado dentro del contexto de los riesgos de negocio de la organización. Especifica los requisitos para implementar los controles de seguridad adaptada a las necesidades individuales de las organizaciones o partes de las mismas. (Secretaria de Gobierno Digital, 2019)

2.2.18. POLÍTICAS DE SEGURIDAD

La política de seguridad define una serie de reglas, procedimientos y prácticas óptimas que aseguren un nivel de seguridad que esté a la altura de las necesidades del sistema.

Figura   07.   Fuente.   *http://e-ducativa.catedu.es/44700165/aula/archivos /repositorio//1000/1063/html/31_polticas_de_seguridad.html. Políticas de seguridad*

2.2.19. ISO 27001

Es un manual de buenas prácticas, pero, en este caso, se incluyen los requisitos necesarios de los sistemas de gestión de seguridad de la información. (Chicona Tejada E. , 2014).

Norma que especifica los requisitos para establecer, implantar, poner en funcionamiento, controlar, revisar, mantener y mejorar un SGSI documentado dentro del contexto global de los riesgos de negocio de la organización. Especifica los requisitos para la implantación de los controles de seguridad hechos a medida de las necesidades de organizaciones individuales o partes de las mismas.

Presenta lo siguiente para cada etapa:

- Planear (establecer el SGSI): Establecer la política, objetivos, procesos y procedimientos para el SGSI relevantes para manejar el riesgo y mejorar la seguridad de la información, para entregar resultados en concordancia con las políticas y objetivos generales de la organización.

- Hacer (implementar y operar el SGSI): Implementar y operar la política, controles, procesos y procedimientos para el SGSI.

- Chequear (monitorear y revisar el SGSI): Evaluar y, donde sea aplicable, medir el desempeño del proceso en comparación con la política, objetivos y experiencias prácticas del SGSI y reportar los resultados a la gerencia para su revisión.

- Actuar (mantener y mejorar el SGSI): Tomar acciones correctivas y preventivas, basadas en los resultados de la auditoría interna SGSI y la revisión gerencial u otra información relevante, para lograr el mejoramiento continuo del SGSI.

Modelo PDCA aplicado a los procesos de un SGSI

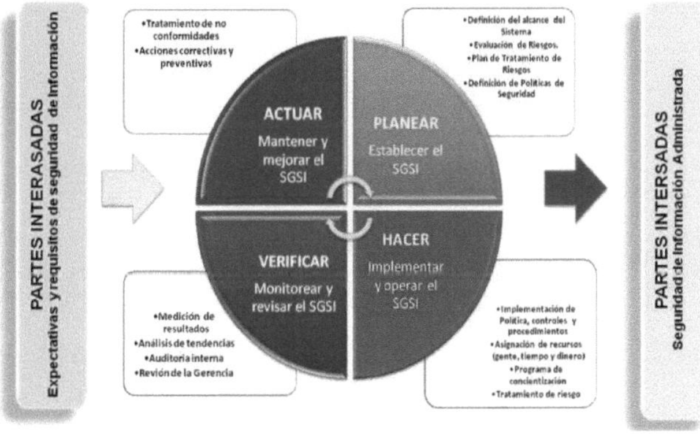

Figura 08. Fuente. http://e-computacion.net/sgsi/sgsi/ Seguridad de la Información, tarea de todos.

2.2.20. ISO 27002:

Es un estándar para la seguridad de la información (también se considera una guía de buenas prácticas) en el que se incluyen los distintos objetivos de control y controles recomendados para mantener un nivel de seguridad de la información óptimo (Chicona Tejada E. , 2014).

Es una guía de buenas prácticas para la gestión de la Seguridad que describe los objetivos de control y controles recomendables en cuanto a seguridad de la información. No es certificable. Contiene 39 objetivos de control y 133 controles, agrupados en 11 dominios.

Presenta la siguiente estructura ISO 27002:

- Política de seguridad.
- Organizando la seguridad de información.

- Gestión de activos.

- Seguridad en recursos humanos.

- Seguridad física y ambiental.

- Gestión de comunicaciones y operaciones.

- Control de acceso.

- Adquisición, desarrollo y mantenimiento de sistemas de información.

- Gestión de incidentes de los sistemas de información.

- Gestión de la continuidad del negocio.

- Cumplimiento.

Dominios de la norma ISO 27002

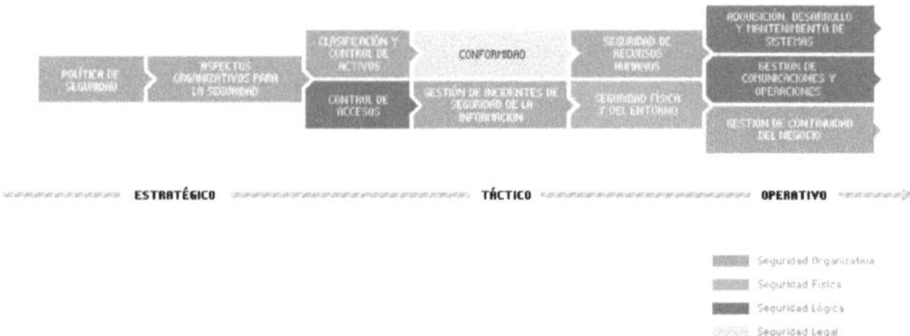

Figura 09. Fuente. http://www.s2grupo.es/auditoria_iso27002.php. *Auditoría ISO 27002*

2.2.21. ISO/IEC 27003:2010

Este estándar internacional es nuestra guía para la implementación de un Sistema de Gestión Seguridad de la Información dentro de la institución educativa. Este documento explica dicha implementación enfocándose en la iniciación, planeamiento y la definición del proyecto: describe los procesos desde la obtención de la aprobación de la alta gerencia para implementar el SGSI hasta la conclusión final del plan de proyecto. (ISOTools Excellence, 2019).

A diferencia del ISO 27001, este documento nos da recomendaciones y buenas prácticas, mas no indica requerimientos ni obligaciones: es para el uso en conjunto con la norma ISO 27001 y no para modificar o reducir los requerimientos especificados en dicha norma.

El proceso del planeamiento de la implementación de un SGSI contiene cinco fases y cada fase es representada por una clausula. Todas estas cláusulas tienen una estructura similar: cada clausula tiene uno o varios objetivos y una o varias actividades necesarias para lograr dichos objetivos.

Las cinco fases son:

- Obtención de la aprobación de la alta gerencia para iniciar el proyecto de SGSI.

- Definición del alcance las políticas del SGSI.

- Conducir el análisis de la organización.

- Conducir un análisis de riesgos y un plan de tratamiento de riesgos.

- Diseñar el SGSI.

Fases de un proyecto SGSI

Figura 10. **Fuente.** ISO 27003 (SGSI) Ayuda y guía para implementar un SGSI

2.2.22. METODOLOGÍA DE ANÁLISIS Y GESTIÓN DE RIESGOS DE LOS SISTEMAS DE INFORMACIÓN (MAGERIT).

Es una metodología de análisis y gestión de riesgos de los Sistemas de Información elaborada por el Consejo Superior de Administración Electrónica para minimizar los riesgos de la implantación y uso de las Tecnologías de la Información, enfocada a las Administraciones Públicas. (Portal de Administración Electrónica Ministerio de Política Territorial y Función Pública Secretaría General de Administración Digital, 2019).

Objetivos De Magerit.

- Concientizar a los responsables de los sistemas de información de la existencia de riesgos y de la necesidad de atajarlos a tiempo.

- Ofrecer un método sistemático para analizar tales riesgos.

- Ayudar a descubrir y planificar las medidas oportunas para mantener los riesgos bajo control.

- Preparar a la Organización para procesos de evaluación, auditoría, certificación o acreditación, según corresponda en cada caso.

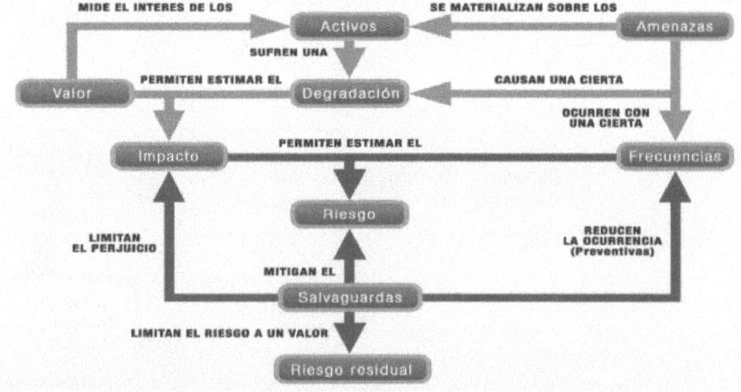

*Figura11.*Fuente.http://wiki.joanillo.org/index.php/Introducci%C3%B3_a_la_Segur etat_Informatica

2.2.23. GESTIÓN DE PROCESOS

No se puede controlar aquello que no se mide y no se puede gestionar

lo que no está bajo control. (Perez Fernandez, 2007).

Identificación: Tener identificada la variable (el sujeto) a gestionar

(tipo, características o funciones del producto o servicio).

Medir: Disponer de una cuantificación o valoración de alguna

característica del producto (Número de unidades, peso, precio).

Control. Tener la variable bajo control (saber lo que está pasando).

2.2.24. GESTIÓN DE INCIDENTES

La Gestión de Incidentes tiene como objetivo resolver cualquier

incidente que cause una interrupción en el servicio de la manera más

rápida y eficaz posible. (Chicano Tejada, 2014).

Los objetivos principales de la Gestión de Incidentes son:

✓ Detectar cualquiera alteración en los servicios TI.

✓ Registrar y clasificar estas alteraciones.

✓ Asignar el personal encargado de restaurar el servicio según se

define.

Figura 12. Fuente. *Lacnic, Proyecto Amparo. «Manual » Manual Básico de: Gestión de Incidentes de Seguridad Informatica. Mexico: Amparo, 2017.*

2.3. DEFINICIÓN DE TÉRMINOS

2.3.1. **BACKUP.** Copia de respaldo de la información almacenada en un dispositivo electrónico.

2.3.2. **BASE DE DATOS.** Una base de datos es un conjunto de información organizada de manera que pueda ser utilizada eficientemente

2.3.3. **CONTROL.** Elemento o medidas que permite reducir o eliminar la exposición al riesgo de cada Activo.

2.3.4. **CONTROLES.** Son las prácticas, procedimientos o mecanismos que reducen el nivel de riesgo y actúan disminuyendo el impacto o la probabilidad.

2.3.5. **DISEÑO.** Un diseño es el resultado final de un proceso, cuyo objetivo es buscar una solución idónea a cierta problemática particular.

2.3.6. **HARDWARE. -** El hardware Se refiere al soporte físico, al conjunto de elementos materiales que. componen una computadora.

2.3.7. **IEC**: Comisión Electrotécnica Internacional

2.3.8. **IMPACTO.** Es la medición y valoración del daño que podría producir a la empresa un incidente de seguridad.

2.3.9. **INVENTARIOS.** Es la relación ordenada, completa y detallada de toda clase de bienes que integran el patrimonio de la entidad.

2.3.10. **ISO.** Organización Internacional para la Estandarización

2.3.11. **MITIGAR.** Consiste en implementar algún control que reduzca el riesgo.

2.3.12. **MODELO.** Es un prototipo que sirve de referencia y ejemplo para todos los que diseñan y confeccionan productos de la misma naturaleza

2.3.13. **PASSWORD.** Es una serie secreta de caracteres que permite a un usuario tener acceso a un archivo, a una computadora, o a un programa

2.3.14. **RED INFORMÁTICA**. - Conjunto de técnicas, conexiones físicas y programas informáticos empleados para conectar dos o más computadoras.

2.3.15. **RIESGO RESIDUAL.** - Nivel restante de riesgo después de que se han tomado medidas de procesamiento.

2.3.16. **RIESGO:** Posibilidad de que una amenaza concreta pueda explotar una vulnerabilidad para causar una pérdida o daño en un activo de información.

2.3.17. **ROLES:** Conjunto de responsabilidades y actividades asignadas a una persona o grupo de personas para apoyar la gestión de TI.

2.3.18. **SGSI**. Sistema de Gestión de Seguridad de la Información

2.3.19. **SOFTWARE.** - Conjunto de programas de computadoras. Son las instrucciones responsables de que el hardware realice su tarea.

2.3.20. **TI.** Tecnologías de Información

2.3.21. **TRANSFERIR.** Ocurre cuando se delega la acción de mitigación a un tercero.

2.3.22. **VALORACIÓN DEL RIESGO**. - Proceso global de análisis y evaluación del riesgo.

2.3.23. **EVALUACIÓN DEL RIESGO.** - Evaluación de amenazas a la información, impactos sobre ésta y vulnerabilidades de ella y de los medios usados para su procesamiento, y de su probable ocurrencia.

III. METODOLOGÍA

3.1. TIPO Y DISEÑO DE INVESTIGACIÓN

3.1.1. TIPO DE INVESTIGACIÓN

Por el alcance de la investigación, la cual consiste en mejorar la seguridad de la información para minimizar los riegos informáticos en la gestión académica del instituto de educación superior tecnológico público "Eleazar Guzmán Barrón"- Huaraz", el presente estudio es de tipo **correlacional**, ya que es necesario evaluar los riesgos informáticos para minimizar los riesgos.

Se empleará un enfoque **cuantitativo**, ya que se pretende conocer mediante la recolección de datos, el fenómeno en estudio, y encontrar las soluciones para minimizar los riegos informáticos; la cual traerá consigo la afirmación o negación de la hipótesis.

3.1.1.1. SEGÚN SU FINALIDAD

La presente investigación de tipo **aplicada**, por su nivel de profundidad explicativo sobre Diseño de un modelo de seguridad de la información para minimizar los riegos informáticos en la gestión académica del instituto de educación superior tecnológico público "Eleazar Guzmán Barrón"- Huaraz" - 2017

3.1.1.2. SEGÚN SU NATURALEZA

Se llevó a cabo una investigación de carácter **explicativo y propositivo**, para el Diseño de un modelo de seguridad de la información para minimizar los riegos informáticos en la gestión académica del instituto de educación superior tecnológico público "Eleazar Guzmán Barrón"- Huaraz" - 2017

3.1.2. DISEÑO DE LA INVESTIGACIÓN

La presente investigación es tipo **experimental** con solo un grupo, con dos pruebas: antes y después. De corte **longitudinal** por que se realiza un trabajo de campo, el cual comprendió la recolección de datos en dos diferentes puntos de tiempo.

La presente investigación corresponde al diseño

SEGURIDAD DE LA INFORMACIÓN	RIEGOS INFORMÁTICOS
• CAUSA	• EFECTO

$$M = O_1 - X - O_2$$

Dónde:

M= Muestra

O_1= Pre Test

O_2= Post Test

X= Variable

3.1.2.1.MATERIALES.

✓ Computadora Portátil

✓ Impresora

✓ Cámara Fotográfica

✓ Memoria USB

✓ Materiales de escritorio

3.2. PLAN DE RECOLECCIÓN DE LA INFORMACIÓN

3.2.1. POBLACIÓN.

Para el presente estudio se tomó como población al Área de Secretaria Académica del Instituto de educación superior tecnológico Público "Eleazar Guzmán Barrón", del Distrito de Independencia, Provincia de Huaraz, Región de Ancash.

3.2.2. MUESTRA

En el presente trabajo de tesis, para fijar la muestra se empleó el método no probabilístico (no aleatoria) de tipo intencional; que es el más conveniente para el propósito del estudio de 20 colaboradores del Área de secretaria Académica del Instituto de educación superior tecnológico Público "Eleazar Guzmán Barrón", del Distrito de Independencia, Provincia de Huaraz, Región de Ancash.

Tabla 2. Cantidad de personal involucrado en secretaria académica

COLABORADORES	CANTIDAD
Director General	1
Jefe de Unidad académica	1
Jefe de Secretaria académica	1
Responsable de Sistema académico	1
Personal Administrativo	11
Personal de apoyo (Practicantes)	5

Fuente: Elaboración propia

3.3. INSTRUMENTOS DE RECOPILACIÓN DE LA INFORMACIÓN

Las recolecciones de información se emplearon: análisis de documentos, como bibliografías digitalizadas e impresas tales como revistas, tesis, documentos internos y documentación diversa del área de secretaria académica; al personal administrativo. Se ha utilizado la lista de cotejo y observación para el Diseño de un modelo de seguridad de la información para minimizar los riegos informáticos en la gestión académica del instituto de educación superior tecnológico público "Eleazar Guzmán Barrón"- Huaraz" – 2017.

✓ **Las fichas de recolección de datos de Internet**, sirve para obtener datos de páginas web, que han sido incluidos en las bases teóricas de la investigación emprendida.

✓ **Fichas de resumen**, estas fichas sirven para recolectar los antecedentes de otros estudios teórico-prácticos, las bases teóricas que se han utilizado en el proceso de investigación.

Tabla 3. Cantidad de personal en secretaria académica

INSTRUMENTO	JUSTIFICACION	HERRAMIENTAS	APLICACION
ENTREVISTA	Nos permitió conocer la identificación de las vulnerabilidades de los activos de información y de los riesgos internos y externos del área de secretaria Académica	• Entrevistas preparadas de preguntas y respuestas abiertas	Fueron dirigidas a los colaboradores del área de secretaria Académica, para tener un mayor conocimiento sobre el Sistema de gestión seguridad de la información
OBSERVACIÓN	Se verifico directamente e identificar y evaluar los Riesgos de seguridad física y lógica	• Guías de observación. • Cámara fotográfica	Se determinó las amenazas que están expuestos del área de secretaria académica.
LISTA DE COTEJO	Se elaboró para obtener el nivel de manejo conocimiento de seguridad de la información	• Lista de cotejo	Colaboradores del área de secretaria académica

Fuente: Elaboración propia.

Las herramientas que se describen permitieron al investigador tener conocimiento de la realidad de manejo de seguridad de la información en la gestión académico.

3.4. PLAN DE PROCESAMIENTO Y ANÁLISIS ESTADÍSTICO DE LA INFORMACIÓN.

El procesamiento de la información teórica-practica ha sido realizado mediante descripción y el análisis de riesgos en el diseño de un modelo de seguridad de la información para minimizar los riesgos informáticos en la gestión académica del Instituto de Educación Superior Tecnológico Público "Eleazar Guzmán

Barrón", basado en Norma Técnica Peruana "NTP-ISO/IEC 27001:2014, manejando la metodología de Margerit para la gestión de la seguridad de la información, el cual tiene por objeto facilitar la identificación, análisis y evaluación de los factores que pueden influir en la manifestación del riesgo en la empresa, con la finalidad de que con la información obtenida se pueda evaluar clasificar el riesgo para cuantificarlo, contrarrestarlo o asumirlo. El análisis de riesgos es una aproximación metódica para determinar el riesgo siguiendo unos pasos pautados:

Se ha diseñado un modelo de Seguridad de la información para minimizar los riesgos informáticos en la gestión académica, ha propuesto: identificación de riesgos, análisis de riesgo, valoración y tratamiento de riesgo, producto de un análisis detallado de las normas internacionales y "NTP-ISO/IEC 27001:2014, y utilizando la metodología MAGERIT.

Existen dos categorías de herramientas correspondientes al proceso de análisis de riesgos, las cuales están ligadas a las dos técnicas: análisis cualitativo y análisis cuantitativo de riesgos.

Para contrastar la hipótesis se hiso uso de la estadística inferencial, para ello se tuvo en cuenta el análisis de la estadística paramétrica con la prueba T-Student para muestras relacionadas, con un nivel de significación del 5% (p<0,05).

IV.   RESULTADOS

4.1. RESULTADO DE DESARROLLO TECNOLÓGICO

Los resultados son determinados fundamentalmente al contexto de aplicación tecnológico en la ciudad de Huaraz, teniendo como objeto de estudio los colaboradores del área de secretaria general al Instituto de Educación Superior Tecnológico público "Eleazar Guzmán Barrón". El resultado se considera también comparativos en el diseño de un modelo de seguridad de la información para minimizar los riesgos informáticos en la gestión académica desarrollado frente a otros estudios citados en la presente investigación.

ANÁLISIS DE BRECHA DE ÁREA DE SECRETARIA ACADÉMICA

Diagnóstico de la situación actual

El Instituto de Educación Superior Tecnológico Público "Eleazar Guzmán Barrón", ubicado en la ciudad de Huaraz, en el Área de Secretaria Académica que no posee en la actualidad políticas, metodologías y planes que generen cultura de seguridad de la información en los colaboradores que permitan minimizar los riesgos informáticos en la gestión académica, mediante lista de cotejo y observación directa se obtuvieron los resultados de la Situación actual, utilizando plantillas elaborados en Microsoft Excel. Se determinó que el Área de secretaria académica objeto de estudio tiene un nivel "Inicial", identificamos antes de la implementación de modelo seguridad de la información.

Se muestra los resultados obtenidos, en materia de *seguridad de la información* en la gestión académica del instituto de educación superior tecnológico público "Eleazar Guzmán Barrón" antes de la aplicación del modelo diseñado, los resultados son comparados con un estado actual y un estado Óptimo que se

pretende llegar.

Figura 14. Niveles de seguridad de la información y los riesgos informáticos
en la gestión académica del IESTP "EGB"
Fuente: Elaboración Propia

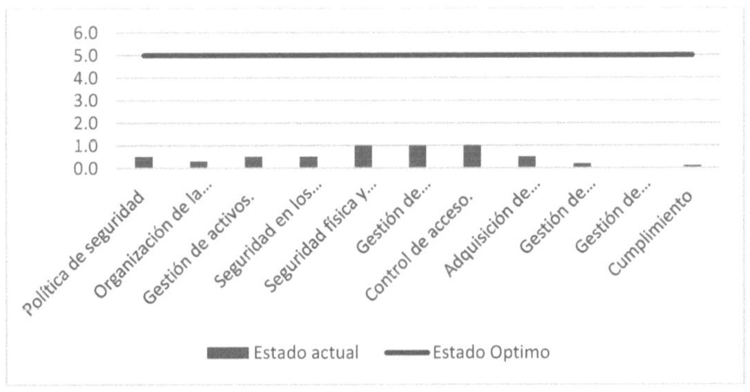

Figura 15. Escala de seguridad de la información y los riesgos informáticos en
la gestión académica del IESTP "EGB"-Huaraz

Se observa, el resultado de la situación actual, lo cual se aplicó NTP ISO IEC

27001:2014 EDI Tecnología de Información. Técnicas de Seguridad. Sistemas

de gestión de seguridad de la Información, realizado al área de Secretaria académico los Objetivos de control y con la aplicación del modelo se llegarán a minimizar el riesgo.

DISEÑO DE MODELO DE GESTIÓN DE SEGURIDAD DE LA INFORMACIÓN

Para presentar los resultados se usaron los recursos de metodología MAGERIT y utilizando la NTP –ISO/IEC 27001-2014. Esta estructura se basa en implementación práctica y concreta que permite asegurar y minimizar los riesgos en base a sus propias necesidades de secretaria académica y teniendo las siguientes partes.

DETERMINAR EL INSTITUCIONAL

✓ Apoyo directivo

✓ Planificación

✓ Definir alcance

IDENTIFICACION DE RIESGO

✓ Identificación de activos de información

✓ Identificar controles existentes

✓ Identificar amenazas y vulnerabilidades

ANALISIS DE RIESGO

✓ Analizar los riesgos

✓ Estimación de los riesgos

✓ Determinar los niveles de impacto

EVALUACION Y TRATAMIENTO DEL RIESGO

✓ Tratamiento de los Riesgos
✓ Respaldo y seguridad

✓ Políticas de seguridad

✓ Sensibilización

EVALUACION DE RIESGO CON EL MODELO DISEÑADO

Se identificó el máximo posible número de riesgos para ello los colaboradores participaron en el análisis de riesgo aportando con la mayor información y analizar el posible origen de los riesgos para lo cual se utilizó una plantilla en Microsoft Excel.

En esta matriz indicamos el riesgo, y su probabilidad e impacto, RIESGO = PROBABILIDAD x IMPACTO, será la clasificación global del riesgo, se usa un código de colores para los riesgos en nuestra matriz como el siguiente: verde (riesgo bajo), amarillo (riesgo medio), rojo (riesgo alto).

Los resultados obtenidos fueron analizados por el modelo propuesto para minimizar los riesgos informáticos en la gestión académica, encontrando que hay 28 activos en zona de riesgo, 30 activos en zona medio, 17 activos en zona baja.

PROBABILIDAD			1	2	3	4
	ALTO	4	0	0	20	8
	MEDIO	3	0	8	30	0
	BAJO	2	0	7	1	0
	NULO	1	0	1	0	0
			1	2	3	4
			IMPACTO			

Zona Total: 3	28
Zona Total: 2	30
Zona Total: 1	17

Figura 16. Primera evaluación de riesgo.

El modelo propuesto tiene el objetivo de minimizar los riesgos informáticos en la gestión académica y la Matriz de Riesgo es un documento que debemos actualizarla constantemente para que sea un reflejo de la realidad, y la evaluación aplicando las medidas de control.

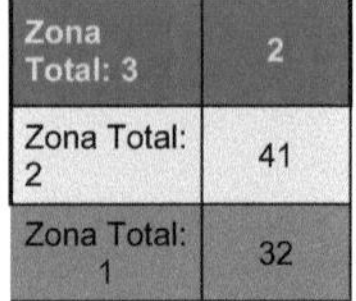

PROBABILIDAD			1	2	3	4
	ALTO	4	0	2	1	0
	MEDIO	3	0	12	38	1
	BAJO	2	0	10	10	1
	NULO	1	0	0	0	0
			1	2	3	4
			IMPACTO			

Zona Total: 3	2
Zona Total: 2	41
Zona Total: 1	32

Figura 17. Segunda Evaluación de riesgo.

El modelo aplicado utiliza la Matriz de riesgo con el fin de localizar y visualizar los activos de la oficina de secretaria académica, que están más en peligro de sufrir un daño por algún impacto negativo, donde se tomó la decisión y medidas adecuadas para minimizar las vulnerabilidades y la reducción de las amenazas tal como se muestra en el **Anexo N° 07**

Con la evaluación de los activos de información con mayor riesgo se realizó el análisis comparativo entre dichos riesgo controles y utilizando el modelo, que ayudaron a la mitigación de estos riesgos.

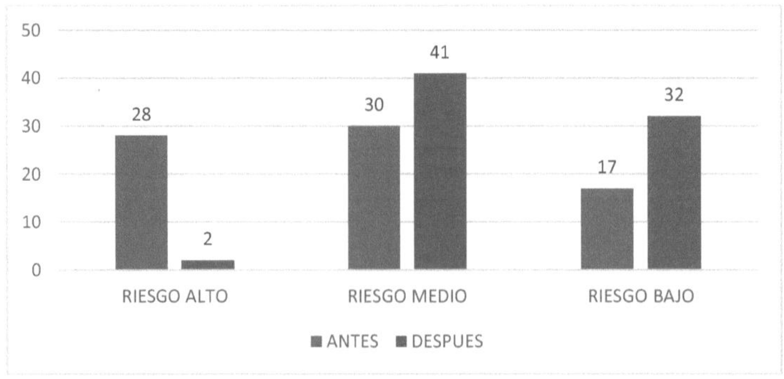

Figura 18. Índice de minimización en riesgo de seguridad de la información en la gestión académica del IESTP "EGB"-Huaraz

SENSIBILIZACIÓN Y COMPROMISO DEL PERSONAL DE SECRETARIA ACADEMICA

Los colaboradores de la oficina de Secretaria académica del Instituto de educación superior tecnológico público "Eleazar Guzmán Barrón" se mostró que los indicadores lograron un 100% del total de las metas; esto significa son los responsables de controlar los riesgos se comprometieron en alcanzar la mitigación de estos riesgos.

Tabla 4. Resultado de indicadores antes y después de diseño de modelo

INDICADORES (%)	ANTES		DESPUÉS	
Activos de información sin identificar y clasificar con sus vulnerabilidades y amenazar	$\frac{0}{100}$	0%	$\frac{100}{100}$	100%
Requerimientos de seguridad física	$\frac{50}{60}$	83%	$\frac{95}{100}$	95%
Requerimientos de seguridad Lógica	$\frac{10}{30}$	33%	$\frac{94}{100}$	94%
Requerimientos de seguridad en red	$\frac{15}{60}$	25%	$\frac{95}{100}$	95%
Gestión de Modelo de seguridad de la información	0	0 %	100	100 %
Colaboradores que conocen la política de seguridad de la información	$\frac{1}{20}$	0.05%	$\frac{20}{20}$	100 %
Colaboradores que cumplen con la política de seguridad de la información	$\frac{1}{20}$	1%	$\frac{18}{20}$	90 %
Vulnerabilidades reportados	$\frac{2}{5}$	40 %	$\frac{4}{5}$	80 %
Activos de información sin mecanismos de control	$\frac{0}{100}$	0%	$\frac{70}{75}$	93 %
Riesgos altos con necesidad de priorizar	$\frac{0}{100}$	0 %	$\frac{28}{75}$	38 %

Fuente: Elaboración propia

PRUEBA DE LA HIPOTESIS

Paso 1. Hipótesis de Investigación

Con el diseño un modelo de seguridad de la información se minimizará los riegos informáticos en la gestión académica del Instituto de Educación Superior Tecnológico Público "Eleazar Guzmán Barrón"- Huaraz.

Paso 2. Hipótesis estadística

H_0: No hay diferencia estadísticamente significativa con el diseño un modelo de seguridad de la información se minimizará los riegos informáticos en la gestión académica del Instituto de Educación Superior Tecnológico Público "Eleazar Guzmán Barrón"- Huaraz., antes y después del diseño del modelo.

H_1: Si hay diferencia estadísticamente significativa con el diseño un modelo de seguridad de la información se minimizará los riegos informáticos en la gestión académica del Instituto de Educación Superior Tecnológico Público "Eleazar Guzmán Barrón"- Huaraz., antes y después del diseño del modelo.

Paso 3. Se determina el nivel de significación:

Usando un nivel de significancia del 5% (α=0,05)

Paso 4. Se elige el estadígrafo de prueba: $\quad t = \dfrac{\overline{d}}{\sigma_d / \sqrt{n}}$

Se trabajó con la prueba estadística T-Student, para muestras relacionadas, con un nivel de significación del 5% (p < 0,05).

Paso 5: Prueba de muestras relacionadas

Tabla 5. Resultados estadísticos de las encuestas antes y después del diseño de modelo.

Estadísticos	Antes	Después
Media	5,00	16,15
Mediana	5,00	16,00
Moda	6,00	16,00
Mínimo	2,00	14,0
Máximo	9,00	19,00
Rango	7,00	5,00
Varianza	3,05	1,50
Desviación estándar	1,75	1,23
Error típico	0,39	0,27

Fuente: Encuesta ejecutada por el investigador

PRE Y POST PRUEBA	DIFERENCIAS RELACIONADAS		PRUEBA T PARA IGUALDAD DE MEDIAS		
	Media	Desv. estándar	t	gl	Valor p
GRUPO EXPERIMENTAL	11,15	2,21	22,59	19	**0,00001**

Paso 6. Se determina regla de decisión estadística:

Rechazar la Hipótesis nula (Ho) si el valor p es menor que 0,05 (p<0,05). Para un nivel de confianza de 95%, que equivale a un valor $\alpha = 0,05$ se ha obtenido T = 22,59 con un valor p = 0,00001 (p < 0,05) por lo que se rechaza la hipótesis nula

Paso 7. Interpretación y/o conclusión:

Como la hipótesis nula ha sido rechazada, se confirma que hay diferencia estadísticamente significativa con el diseño un modelo de seguridad de la información se minimizará los riegos informáticos en la gestión académica del

Instituto de Educación Superior Tecnológico Público "Eleazar Guzmán Barrón"-Huaraz., antes y después del diseño del modelo.

Por lo que se concluye que el diseño del modelo permitió afirmar con la hipótesis planteada, dado que con el diseño un modelo de seguridad de la información se optimizo los riegos informáticos en la gestión académica del Instituto de Educación Superior Tecnológico Público "Eleazar Guzmán Barrón"- Huaraz y con lo que se logró los objetivos planteados.

V.   DISCUSIÓN

En el siguiente apartado, se analiza y se discute los resultados obtenidos en la sección anterior, con el objetivo de contrastar la hipótesis del trabajo presentado.

Para demostrar, primero se determinó la situación actual de los riesgos informáticos que afectan los activos de información en gestión académica; buscó contrastar los resultados con el marco el primer trabajo con el cual compararemos los resultados será **Guzman (2015)** – *"Metodología para la seguridad de tecnologías de información y comunicaciones en la clínica ortega"*, donde propone una metodología de implementación, gestión y mejora de seguridad de tecnologías de información y comunicaciones en la clínica Ortega, analizando diferentes métodos conocidos de análisis y gestión de riesgos.

En los resultados que obtuvo figuran la identificación y clasificación de los activos de información y su valorización, mapeo de riesgos, y la implementación de controles, lo que logro que para definir el modelo de metodología de seguridad en tecnologías de información y comunicaciones se realizó el análisis de riesgo que permitió detectar las amenazas a los que son sometidos los activos de la información y los requerimientos de seguridad que se presentaron, han permitido delimitar el ámbito del modelo y su estructura.

Estos problemas fueron similares a los encontrados al determinar la situación actual **figura 14**, claramente se ve que a pesar que las empresas son conocedoras de las amenazas a las que están expuestas, no tienen el conocimiento o las herramientas que les permita controlar esta situación. El conocimiento sobre los riesgos informáticos que afectan los activos de información es mínimo antes de la aplicación, en el área de secretaria académica solo tenía referencia de algunas normas laborales en cuanto al uso de los activos de la oficina de secretaria académica.

Así mismo, el diseñado un modelo más eficiente de gestionar la seguridad de la información, bajo la metodología de análisis y evaluación de Riesgos, Este modelo se fundamenta en el análisis de los estándares y normas de la seguridad de la información, el cual está alineado (Secretaria de Gobierno Digital, 2019) a la norma NTP-ISO/IEC 27001:2012 apoyado con la metodología Margerit. En el siguiente apartado, se analiza y se discute los resultados obtenidos con la investigación de **Mercado (2016)** – *"Modelo de gestión de seguridad de la información para el E-Gobierno",* donde recolecto la información de 69 entidades del sector público, mediante una encuesta vía web, en su objetivo general plantea elaborar un modelo de gestión de seguridad de la información para el gobierno electrónico en las entidades públicas; afirma que elaborar un modelo de gestión de seguridad de la información para el gobierno electrónico resultado de la revisión y análisis de 11 modelos de seguridad de la información, en los que se identificaron los elementos más relevantes que forman parte del modelo propuesto. Este estudio permite el diseño de un Modelo de Seguridad de la Información en la secretaría permite descubrir puntos vulnerables de la entidad y optimizar los riesgos informáticos.

Con la implementación del el Modelo se optimizo los riesgos informáticos en la gestión académica, así como se observa en la **figura 18**, se pudo lograr que 99% de los colaboradores tengan conocimientos de es operacionalmente viable, debido a que se ha demostrado ser efectivo, permitiendo identificar, evaluar y proporcionar tratamiento a riesgos de seguridad de la información. Luego de haber realizado la implementación del Modelo se seguridad de la información, se determinó los riesgos y se pudo aplicar los controles necesarios para minimizar cada riesgo valorado, así como se ve en la figura 17. Un aspecto muy importante fue de concientizar a los colaboradores en la gestión de seguridad de la información. Así mismo esto influyo que los colaboradores mejoren en la seguridad de la información de la oficina de secretaria académica.

Finalmente se confirma en base a la contratación de hipótesis que se logró Optimizar los riesgos informáticos en la gestión académica a través del modelo diseñado de seguridad en informática del Instituto de Educación Superior Tecnológico "Eleazar.

Los resultados de la prueba T de Student, aplicada en la **tabla N° 5,** los datos se distribuyen normalmente; demuestran que la probabilidad tiende a cero en relación a la probabilidad asumida de 0.05. La media (11,15) resume los valores de la muestra con un valor individual que representa el centro de los datos. Con t=-22,59, gl=19, p=0.01, con una significancia menor a 0.05 se rechaza la Hipótesis nula (Ho). Se afirma a la hipótesis, en términos porcentuales que hay diferencia estadísticamente significativa con el diseño un modelo de seguridad de la información se minimizo los riegos informáticos en la gestión académica del Instituto de Educación Superior Tecnológico Público "Eleazar Guzmán Barrón"- Huaraz., antes y después del diseño del modelo.

<h1 style="text-align:center">VI.   CONCLUSIONES</h1>

1. Se estableció el modelo de seguridad de la información lo cual fue base para cumplir con el objetivo, logrando minimizar los riesgos de seguridad de la información.

2. Se optimizó los riesgos de los activos de información en el área de secretaria general del Instituto de Educación Superior Tecnológico Público "Eleazar Guzmán Barrón" y permitiendo conocer que equipos de TI cuenta la oficina en la gestión académica.

3. El factor humano es crítico la sensibilización del personal en seguridad informática es vital. Ahora, los Colaboradores de la Oficina de secretaria Académica son conscientes que la información que manejan es confidencial y que deben velar por su integridad total. Sensibilizar robustece el modelo establecido y genera una mejora continua.

4. Las amenazas están latentes, todo sistema de información es vulnerable y la probabilidad de riesgo es inminente dependiendo de su contexto. El modelo de gestión de seguridad de la información propuesto, permite la implementación de los mecanismos y controles que permite reducir el riesgo a un nivel mínimo.

VII.   RECOMENDACIONES

Dentro de los límites de la presente investigación, siempre se desea que exista una mejora continua del mismo; por tanto, se recomienda a futuros investigadores continuar con la investigación sobre esta interesante temática, logrando así la ejecución de un software aplicado a nuestra realidad nacional y local donde la evaluación de la seguridad de la información es un factor importante. Entre estas citamos:

1. Es importante actualizar periódicamente los activos de información y evaluar el riesgo; utilizando la matriz de riesgo ya que es un documento que debe ser actualizada constantemente para que sea un reflejo de la realidad.

2. Se sugiere contar con personal especializado en seguridad informática que haga la monitoreo, evaluación y auditoria para salvaguardar los activos de información en la oficina de secretaria académica.

3. Establecer el compromiso de realizar controles internos continuos con un enfoque global que permitan evaluar la gestión de seguridad, con la finalidad de encontrar posibles brechas y resolver inconsistencias.

4. Realizar concientización periódica al personal de la institución con respecto al tema de seguridad de información, de tal manera que todos los colaboradores de los diversos aéreas existentes de la institución educativa, conozcan la importancia y las consecuencias de no seguir los lineamientos de seguridad en la información.

VIII. REFERENCIAS BIBLIOGRÁFICAS

27002.es, I. (29 de 8 de 2019). *http://www.iso27000.es/iso27002_8.html#home*. Obtenido de El portal de ISO 27002 en Español.

Álvarez, A. A. (2016). *Implementación de Controles de Seguridad (Tesis de Maestria)*. Mexico.

Baca Urbina, G. (2016). *Introduccion a la Seguridad Informatica.* Mexico: Grupo Editorial Patria, S.A. de C.V.

Berrio Lopez, J. P. (2016). *Metodologia para la evaluacion del desempeño de controles en sistemas de gestion de seguridad de la información sobre la norma ISO/IEC 27001 (Tesis de Mestria).* Medellin, Colombia.

Chicano Tejada, E. (2014). *Gestión de incidentes de seguridad informática.* Malaga: IC Editorial.

Chicona Tejada, E. (2014). *Auditoria de Seguridad Informatica.* Malaga: IC Editorial.

Chicona Tejada, E. (2014). *Gestion de Servicios en el sistema Informatico.* Malaga: IC Editorial.

Costas Santos, J. (2014). *Seguridad Informática.* Madrid: RA-MA.

Costas Santos, J. (2014). *Seguridad y alta Disponibilidad.* Madrid: RA-MA.

Escrivá , G. G., Romero , S. R., Ramada, D. J., & Onrubio, P. R. (2015). *Seguridad Informtica.* España: Macmillan Profesional.

Guzman Pacheco, G. F. (2015). *Metodología para la Seguridad de Tecnologías de Información y Comunicaciones en la Clínica Ortega(Tesis de Maestria).* Huancayo.

INCIBE. (20 de 08 de 2019). Guía sobre borrado seguro de la información. España.

Informática, G. d. (21 de 08 de 2019). *https://protejete.wordpress.com/gdr_principal/reduccion_riesgo/.*

Instituto Nacional de Ciberseguirdad (INSIBE). (22 de 03 de 2019). *https://www.incibe.es.* Obtenido de https://www.incibe.es/protege-tu-empresa/guias/gestion-riesgos-guia-empresario

ISOTools Excellence. (12 de 04 de 2019). *https://www.pmg-ssi.com/2014/01/isoiec-27003-guia-para-la-implementacion-de-un-sistema-de-gestion-de-seguridad-de-la-informacion/*.

Llontop Díaz, G. C. (2018). *Gestión de riesgos de Tecnologías de Información de las empresas de Nephila Networks(Tesis de Maestria)*. Lima.

Mercado Rojas, J. E. (2016). *Modelo de gestión de seguridad de la información para el E-Gobierno (Tesis de Mestria)*. Lima.

Perez Fernandez, J. A. (2007). *Gestion de Procesos*. Madrid: Esic.

Portal de Administración Electrónica Ministerio de Política Territorial y Función Pública Secretaría General de Administración Digital. (15 de Mayo de 2019). *https://administracionelectronica.gob.es/pae_Home/pae_Documentacion/ pae_Metodolog/pae_Magerit.html#.XX6YgWZrzIU*.

Rodríguez, J. M., & Peralta, I. (02 de 04 de 2019). *Gestion de riesgo Margerit*. Obtenido de www.tithimk.com.

Sanchez Pacheco, E. A., & Rebolledo Hinojosa, F. L. (2017). *Diseño de un Modelo de Gestión de la Seguridad de la Información en el Área de talento Humano de la Secretaría de Educación*. Aruca-Colombia.

Secretaria de Gobierno Digital. (17 de 07 de 2019). *www.gobiernodigital.gob.pe*. Obtenido de https://www.gobiernodigital.gob.pe/normas/0/NORMA_0_RESOLUCI% C3%93N%20MINISTERIAL%20N%C2%B0%20129-2012-PCM.pdf

ANEXOS

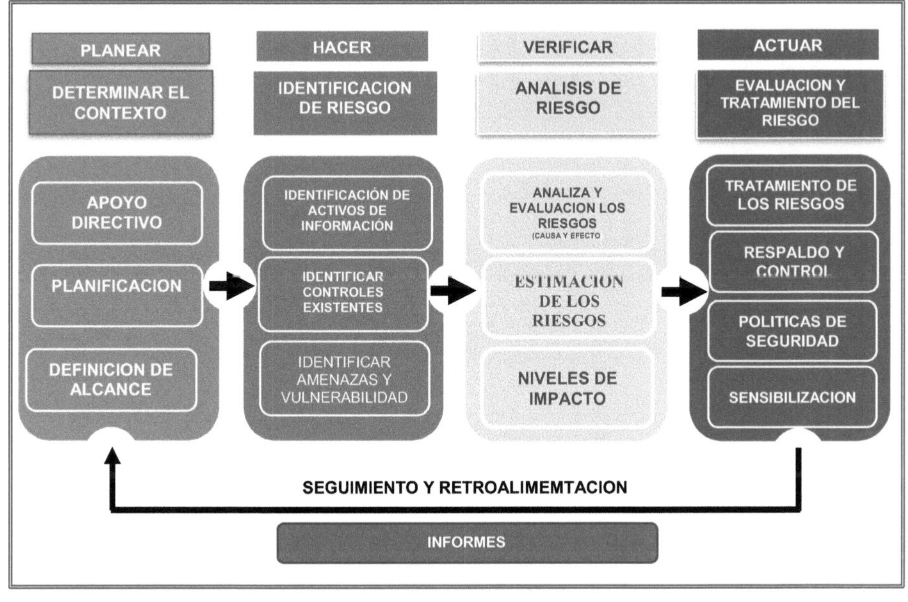
PLANEAR
DETERMINAR EL CONTEXTO
APOYO DIRECTIVO
PLANIFICACION
DEFINICION DE ALCANCE
HACER
IDENTIFICACION DE RIESGO
IDENTIFICACIÓN DE ACTIVOS DE INFORMACIÓN
IDENTIFICAR CONTROLES EXISTENTES
IDENTIFICAR AMENAZAS Y VULNERABILIDAD
VERIFICAR
ANALISIS DE RIESGO
ANALIZA Y EVALUACION LOS RIESGOS
(CAUSA Y EFECTO
ESTIMACION DE LOS RIESGOS
NIVELES DE IMPACTO
ACTUAR
EVALUACION Y TRATAMIENTO DEL RIESGO
TRATAMIENTO DE LOS RIESGOS
RESPALDO Y CONTROL
POLITICAS DE SEGURIDAD
SENSIBILIZACION
SEGUIMIENTO Y RETROALIMEMTACION
INFORMES

MATRIZ DE CONSISTENCIA.

DISEÑO DE UN MODELO DE SEGURIDAD DE LA INFORMACIÓN PARA MINIMIZAR LOS RIESGOS INFORMÁTICOS EN LA GESTIÓN ACADÉMICA DEL INSTITUTO DE EDUCACION SUPERIOR TECNOLOGICO PUBLICO "ELEAZAR GUZMAN BARRON"- HUARAZ" – 2018				
FORMULACIÓN DEL PROBLEMA	**OBJETIVOS**	**HIPÓTESIS**	**VARIABLES**	**METOLOGIA**
¿En qué medida influye el diseño un modelo de seguridad de la información en minimizar los riesgos informáticos en la gestión académica del Instituto de Educación Superior Tecnológico Público "Eleazar Guzmán Barrón?	**GENERAL:** Diseñar un modelo de seguridad de la información para minimizar los riegos informáticos en la gestión académica del Instituto de Educación Superior Tecnológico Público "Eleazar Guzmán Barrón". **ESPECIFICO:** ✓ Determinar la situación actual de los riesgos informáticos que afectan los activos de información en gestión académica del Instituto de Educación Superior Tecnológico "Eleazar Guzmán Barrón"- Huaraz. ✓ Establecer un modelo de gestión de seguridad de la información para minimizar los riesgos informáticos en la gestión académica del Instituto de Educación Superior Tecnológico "Eleazar Guzmán Barrón"- Huaraz. ✓ Optimizar los riesgos informáticos en la gestión académica a través del modelo diseñado de seguridad en informática del Instituto de Educación Superior Tecnológico "Eleazar Guzmán Barrón"-Huaraz.	**GENERAL:** **Hi:** Con el diseño un modelo de seguridad de la información se minimizará los riegos informáticos en la gestión académica del Instituto de Educación Superior Tecnológico Público "Eleazar Guzmán Barrón"- Huaraz.	**V.I.** Diseño de un modelo de seguridad de la información. **V.D.** Riesgos informáticos en la gestión académica del Instituto.	**Tipo de estudio** Correlacional, **Metodología** cuantitativa y cualitativa **Diseño de investigación** Aplicado . **Población y muestra:** La oficina de secretaria académica y colaboradores del IESTP "Eleazar Guzmán Barrón" - Huaraz. **Técnica de recolección de datos** Cuestionario estructurado.

"DISEÑO DE UN MODELO DE SEGURIDAD DE LA INFORMACIÓN PARA MINIMIZAR LOS RIESGOS INFORMÁTICOS EN LA GESTIÓN ACADÉMICA DEL INSTITUTO DE EDUCACION SUPERIOR TECNOLOGICO PUBLICO "ELEAZAR GUZMAN BARRON"- HUARAZ

FICHA DE OBSERVACION		
FICHA N°	**01**	
LUGAR	**Secretaria Académica**	
TIPO DE OBSERVACION	OBSERVACION	COMENTARIO
SEGURIDAD LOGICA	En la fase de la ejecución se ha detectado que las computadoras de Secretaria Académica No cuentan con: Licencia de sistema operativo Licencia de Office Licencia de Antivirus	Los antivirus no cuentan con licencia lo que permite que fácilmente sca infcctado por malware ocasionando daños en los archivos y disco duro de la computadora
	Las computadoras no cuentan con contraseñas de acceso.	Cualquier persona puede acceder a las computadoras ya que estas no cuentan contraseña lo que permite que cualquier persona puede ingresar y afectar o robar los archivos
	Los colaboradores tienen acceso a redes sociales y páginas web sin restricción.	Los colaboradores descargan músicas y acceden a páginas web no seguras en donde descargan archivos exe. Malware que puede afectar la computadora
	La base de datos del sistema académico tradicional está expuesto a ser borrado	El base de datos de Sistema académico tradicional no tienes copias de seguridad la cual poder ser borrado
	Los archivos y bases de datos en Excel no tienen copias de seguridad	Estos archivos deben contar con copias de seguridad y salvaguardar la información.

FICHA DE OBSERVACION		
FICHA N°	**02**	
LUGAR	**Secretaria Académica**	
TIPO DE OBSERVACION	**OBSERVACION**	**COMENTARIO**
SEGURIDAD FISICA	Se ha detectado que las computadoras de Secretaria Académica No cuentan con: Con plan de mantenimiento	Las computadoras no cuentan con mantenimiento preventivo los cuales pueden sufrir deterioro y sufrir daños irreversibles
	Las redes de internet esta expuestos	Los cables UTP de redes están expuestas los cuales pueden ser movidos por los colaboradores de la oficina
	Los estantes de títulos y certificados no cuenta con candados	Los estantes donde se guarda los títulos y certificados de estudios no cuenta con la seguridad
	Los archivos esta expuestos a amenazas de incendio	Los archivos de partida de nacimiento, certificado de estudios de secundaria están expuestos a sufrir amenazas de incendio
	No existe inventario de activos de información	La oficina no cuenta con inventario de activos de información lo que no permite valorar los tipos de amenazas que tiene cada una.
	No cuenta con cámaras de seguridad	la oficina no cuentan con ninguna seguridad electrónica para minimizar los riesgos
	La oficina tiene fácil acceso al usuario	La oficina no cuenta con alguna medida para no ingreso de personas ajenas a la oficina; solo la puerta de acceso
	Las impresoras están expuestas al polvo y otros robos	La impresoras cumplen un rol muy importante que deben ser protegido debidamente
	Las nóminas, actas de notas no están guardados en lugares seguros	Estos activos son muy importantes en la gestión académica y deben ser protegidos en un estand
	No existe un Control para instalar dispositivos USB	Determinar una política de restricción de uso de portadores USB para evitar robos de información, fraudes o instalaciones de programas.
	No existe un control de políticas y de cumplimiento de funciones	Verificar que los colaboradores cumplan con sus responsabilidades y establecer sanciones en caso de incumplimientos.

"DISEÑO DE UN MODELO DE SEGURIDAD DE LA INFORMACIÓN PARA MINIMIZAR LOS RIESGOS INFORMÁTICOS EN LA GESTIÓN ACADÉMICA DEL INSTITUTO DE EDUCACION SUPERIOR TECNOLOGICO PUBLICO "ELEAZAR GUZMAN BARRON"- HUARAZ

APELLIDOS Y NOMBRES _SONIA BOJORQUEZ GIRALDO_

N°	ASUNTO	SI	NO
1	¿Existe alguna información de registro de incidentes (robos, ataque malware, otros)en la oficina de secretaria académica		X
2	En la oficina de secretaria académica existe colaborador con conocimiento de seguridad informática		X
3	¿Conoce las roles, y responsabilidades de la protección y aplicación de procesos de seguridad de todos los activos de información en la gestión académico?	X	
4	¿Existe algún tipo de capacitación de seguridad de la información en la gestión académica?		X
5	¿La oficina cuenta con un inventario de todos los activos de TI sensibles de cada sistema de información de la oficina?	X	
6	¿Existen controles de entrada a la oficina de secretaria general	X	
7	¿Los controles de entrada son efectivos que permiten el acceso a personal autorizado?		X
8	¿en la oficina, los activos de información requieren de seguridad especial?	X	
9	¿El equipamiento en tecnologías de la información están adecuadamente protegido de amenazas y de acceso no autorizado?		X
10	¿Está el equipamiento protegido contra fallas o cortes eléctricas?		X
11	¿Los equipos en tecnologías de la información son sometidos a mantenimiento preventivo?		X
12	¿Se autoriza y controla el uso de equipos para procesar información de la oficina?		X
13	¿Están documentados los procedimientos de seguridad de la información en secretaria académica?		X
14	¿Hay medidas efectivas para detectar y prevenir contra la presencia de software malicioso?		X
15	¿En la oficina de secretaria académica se ejecutan de copias de respaldos?	X	
16	¿Se protege la documentación y sistemas de información de la oficina?	X	
17	¿Existen diferentes niveles de acceso o privilegios para acceder a la información?		X
18	¿Existe una política de uso de los servicios de la red?		X
19	¿Se restringe o controla el acceso a los servicios de la red?		X
20	¿La oficina de secretaria académica cuenta con alguna seguridad electronica		X
21	Según su experiencia laboral en la institución ¿Cree usted que la información es segura?	X	

CARGO:______________________________________

I want morebooks!

Buy your books fast and straightforward online - at one of world's fastest growing online book stores! Environmentally sound due to Print-on-Demand technologies.

Buy your books online at
www.morebooks.shop

¡Compre sus libros rápido y directo en internet, en una de las librerías en línea con mayor crecimiento en el mundo! Producción que protege el medio ambiente a través de las tecnologías de impresión bajo demanda.

Compre sus libros online en
www.morebooks.shop

KS OmniScriptum Publishing
Brivibas gatve 197
LV-1039 Riga, Latvia
Telefax: +371 686 204 55

info@omniscriptum.com
www.omniscriptum.com

Printed by Books on Demand GmbH, Norderstedt / Germany